Karl Georg Bockenheimer

Johann Brito aus Brügge, der angebliche Erfinder der Buchdruckerkunst

Karl Georg Bockenheimer

Johann Brito aus Brügge, der angebliche Erfinder der Buchdruckerkunst

ISBN/EAN: 9783743627901

Hergestellt in Europa, USA, Kanada, Australien, Japan

Cover: Foto ©ninafisch / pixelio.de

Weitere Bücher finden Sie auf **www.hansebooks.com**

Johann Brito

aus Brügge,

der angebliche Erfinder der
Buchdruckerkunst.

..

Von

K. G. Bockenheimer.

Mainz,
Verlagsanstalt und Druckerei A.-G.
1898.

Mainzer Verlagsanstalt und Druckerei A.-G.

Vorwort.

Zum zweitenmale im Verlaufe von etwas mehr als hundert Jahren wird die Behauptung aufgestellt, Johann Brito aus Brügge habe die Buchdruckerkunst erfunden und im Jahre 1446 das erste Buch mit beweglichen, gegossenen Buchstaben gedruckt. Der Entgegnung auf die früher schon mit allem Nachdruck zurückgewiesene, neuerdings in etwas anderer Form wieder vorgebrachte Behauptung war ein Vortrag gewidmet, welchen der Verfasser am 5. Mai d. Js. in der Versammlung des Mainzer Journalisten- und Schriftsteller-Vereins gehalten hat. Den Wortlaut dieses Vortrages weiteren Kreisen, namentlich den Bewohnern der Stadt Mainz, zur Prüfung zu unterbreiten, ist der Zweck der vorliegenden Veröffentlichung, die dem Urtheile berufener Forscher nicht vorgreifen will.

Mainz, den 16. Mai 1898.

Dr. Bockenheimer,
Landgerichts-Direktor.

I.

Gutenberg hat sein erstes Druckwerk, die Bibel, im Jahre 1457 vollendet.

Johann Brito aus Brügge hat bereits vor 1446 ein dermalen auf der Pariser National=bibliothek verwahrtes Büchlein, das weder den Namen des Druckers, noch den Druckort, noch das Druckjahr kennbar macht, in Brügge gedruckt.

Folglich ist nicht Mainz, sondern Brügge die Wiege der Buchdruckerkunst, nicht Guten=berg, sondern Brito der Erfinder der Kunst.

Beweis.

Der Abt eines Klosters in Cambrai hat nach einem Eintrage in seinen noch erhaltenen Tage=büchern im Jahre 1446 in Brügge für einen Jacquart und für einen Knaben mit Vornamen Alexander ein Doctrinale, ein Lehrbüchlein, kaufen lassen.

Das Büchlein war, wie der Abt dies bemerkt, in einer Form hergestellt. Diese Form beschreibt der Abt zwar nicht näher, allein es ist gewiß, daß

1

diese Form nicht etwa aus Holztafeln bestand, sondern aus beweglichen, gegossenen Buchstaben gebildet war.

Zwar bezeichnet der Abt das gekaufte Büchlein nicht näher, insbesondere gibt er weder den Verfasser, noch den Drucker des Büchleins, noch den Druckort an, allein es muß als feststehend angenommen werden: 1) daß das Doctrinale in Brügge gedruckt war; 2) daß es kein eigentliches Doctrinale war, sondern ein zur Belehrung der Christen aller Stände von dem gelehrten Pariser Kanzler Johann Gerson verfaßter Aufsatz, der sich selbst als „instruction et doctrine de tous chrétiens et chrétiennes" bezeichnet; 3) daß Johann Brito das Büchlein gedruckt hat.

Während bisher die hervorragendsten Kenner der Wiegendrucke der Ansicht waren, daß die vorerwähnte, dem Brito zugeschriebene Instruction, wovon ein letztes, ganzes Stück in Paris verwahrt wird, in der Zeit zwischen 1477 bis 1481 gedruckt sei, so erweist die richtige Auslegung der Bestellung des Abtes von Cambrai als Druckzeit das Jahr 1446.

Nimmt man, wie dies nicht mehr anders möglich ist, das Jahr 1446 als die Zeit des Druckes der Instruction an, so bekommen die Schlußworte des Druckes, wonach Brito eine bewunderungswürdige Kunst und staunenerregende Werkzeuge erfunden habe, ihre einzig richtige

Deutung dahin, daß Brito der Erfinder des Druckes
mit beweglichen, gegoſſenen Buchſtaben war.

In dieſen kurzen Sätzen iſt der Hauptſache
nach das Ergebniß der Forſchungen des Brügger
Archivars Louis Gilliodts-van Severen
und der Inhalt eines für weitere Kreiſe beſtimmten
Büchleins des Brügger Domherrn H. Kommel
zuſammengefaßt. Stånden die Sätze unwiderleg-
lich feſt, wie dies Belgiſche Blätter jubelnd in
die Welt hinausrufen, dann dürfte die Stadt Brügge,
die von der Erinnerung ihrer Vergangenheit zehrt,
ein neues Reis flechten in den vollen, vergangener
Herrlichkeit geweihten Ruhmeskranz. Für die Zeit
des Wendepunktes ihres Glückes hätte die ehe-
malige nordiſche Venetia einen Bürger gewonnen,
deſſen Werk die Schöpfungen der großen Brügger
Maler Hans Memling und Gerhard David
weit in Schatten ſtellen würde.

Durch eine eigene Fügung iſt die Stadt Mainz
dazu auserſehen, die Koſten der Ruhmbegierde
von Brügge zu tragen. Den Hans Memling, der
nach den neueſten, in Brügge wohlbekannten Forſchungen ein Mainzer Kind iſt, nimmt Brügge
ausſchließlich für ſich in Anſpruch. Daß Memling ein Deutſcher, ein Mainzer iſt, davon ſchweigt
die Inſchrift auf dem Denkmal des großen Meiſters.
Noch einen Griff nach dem Erfinder der Buchdruckerkunſt, und Mainz, ſeiner ſchönſten Zierde
beraubt, wird an Seite der gebildeten Welt vor

1*

einem Standbilde Britos in Brügge Abbitte leisten
für mehrhundertjährige Undankbarkeit, für die
Verkennung eines der größten Wohlthäter der
Menschheit.

Entspräche den weitgehenden Ansprüchen der
Brügger das Gewicht der Begründung, so wäre es
um Gutenberg und um Mainz geschehen. In Wirk=
lichkeit droht weder dem Johannes Gutenberg noch
der Stadt Mainz eine ernstliche Gefahr. Was
Britos Vertreter vorgebracht haben, vermag nicht
eine einzige der geschichtlich festgestellten, für
Gutenberg zeugenden Thatsachen zu erschüttern.
Ohne dem Gange weiterer Erörterungen vorzu=
greifen, darf man hier schon auf die von den
Brügger Anwälten vorgebrachten Beweismittel
aufmerksam machen. Handelt es sich nämlich um
die Frage, wo und durch wen zuerst mit beweg=
lichen, gegossenen Buchstaben gedruckt wurde, so
muß man doch selbstverständlich von jeder Druck=
stätte das Erstlingswerk zum Vergleiche heran=
ziehen. Was soll man aber dazu sagen, wenn als
Mainzer Erstlingswerk Gutenbergs „Bibel" von
1457 durch den Domherrn Kommel angezogen
wird? In diesem Jahre ist aus Gutenbergs Werk=
stätte kein Druck, dagegen aus der Werkstätte von
Fust und Schöffer der prachtvolle Psalter her=
vorgegangen. Gutenbergs 42zeilige Bibel ist in
der Zeit von 1453—1456 hergestellt worden, die
36zeilige später. Bevor jedoch der Meister an

so große Werke sich heranwagte, hatte er sich in
kleineren Drucken versucht, im Drucken von Donaten,
Ablaßbüchern und Mahnungen an die Christen=
heit, Druckwerke, die auch in Brügge bekannt sein
dürften.

Von welcher Art allerdings die Bekanntschaft
mit deutschen Wiegendrucken in Brügge ist, davon
zeugt die Thatsache, daß Kommel, im Getümmel
des Gefechtes den Speer umkehrend, die gelehrte
Welt mit der kühnen Behauptung überrascht, die
von ihm dem Gutenberg zugeschriebene Bibel von
1457 sei nicht mit beweglichen, gegossenen Buch=
staben gedruckt, sei vielmehr ein Tafeldruck. Umsonst
hätten hiernach die ersten Forscher auf diesem
Gebiete mit größter Mühe und Sorgfalt die
Wiegendrucke verglichen und die Verwendung der
ersten Druckschriften Gutenbergs zur Herstellung
späterer Werke festgestellt, während sie, wie sich
jetzt herausstellt, doch hätten merken müssen, daß
das größte und bedeutendste Vergleichstück gar
nicht auf dem Wege des Buchdruckes geschaffen
worden war.

Soweit es sich um die Frage nach dem Erfin=
der der Buchdruckerkunst handelt, bedarf es in
den Augen der Brügger Gelehrten überhaupt
nicht mehr der Vergleichung von Wiegedrucken.
Diese Frage ist vielmehr zu lösen auf dem Wege
einer sachgemäßen Auslegung oder vielmehr Er=
gänzung der bereits zu Anfang erwähnten Nach=

richt über den Bücherkauf des Abtes von Cam=
brai. Wer erräth, welches Buch der Abt im Jahre
1446 gekauft hat, der hat das älteste Druckwerk und
zugleich den ersten Buchdrucker der Welt ermittelt.
Welch' eine lohnende Aufgabe für einen findigen
Geist! Mit welcher Begeisterung verlegen sich
Künstler darauf, Ueberreste von Schöpfungen der
großen Baumeister und Bildhauer der Griechen
und Römer zu ergänzen und in der vermutheten
ursprünglichen Gestalt wieder erstehen zu lassen!
Wirft man einen Blick in die Sammlungen
alter Inschriften, so zeigt jedes Blatt Ver=
suche der Ergänzung lückenhafter Urkunden der
Vorzeit. Je größer die Lücken auf den Steinen
und Erzen, um so größer der Spielraum zur Ent=
faltung des Scharfsinnes und der Einbildungs=
kraft der Räthsellöser. Wie geistreich immer
auch eine Lösung oder Ergänzung ausgefallen sein
mag, so wird es doch keinem ernsten Forscher in
den Sinn kommen, aus dem Wortlaute der zwar
möglichen, aber nicht unanfechtbaren Zusätze Fol=
gerungen zur Erhärtung sonst nicht feststehender
Thatsachen zu ziehen.

In dem Falle, der hier zu besprechen ist, will
ein Schriftsteller im Widerspruche mit dem Er=
gebnisse der bisher angestellten Forschungen eine
Behauptung aufstellen, zu deren Beweise er sich
selbst erst die Unterlage zu schaffen sucht durch
eine in jeder Hinsicht willkürliche Ergänzung einer

lückenhaften Urkunde, die ihrem Inhalte nach eine
Reihe von Deutungen zuläßt, aber zur ausschließ=
lichen Billigung einer bestimmten Ansicht keinen
Zwang auferlegt. Daß die versuchte Deutung
nicht blos willkürlich ist, wird der weitere Verlauf
dieser Darlegungen lehren.

II.

Nicht erst in unseren Tagen, sondern schon
vor mehr als hundert Jahren ist der Bücher=
kauf des Abtes Jean=le=Robert von St. Aubert
in Cambrai bekannt geworden. Nach einer Ab=
handlung des Bollandisten P. Ghesquière von
1779 sind in den Tagebüchern des Abtes folgende
Einträge zu lesen:

„Ferner für ein „Doctrinal gette en molle",
welches ich in Brüges durch Marquart, Schreiber
von Valenciennes im Monat Januar 1445 (a. St.)
für Jacquart holen ließ, 20 sols tournois. Der
kleine Alexander erhielt ein gleiches, welches die
Kirche bezahlte.

„Ferner nach Arras ein Doctrinal geschickt zum
Unterrichte von D. Gerard, welches in Valenciennes
gekauft wurde; es war „gettez en molle" und kostete
24 gr. Er schickte mir das Buch zurück am ersten
Allerseelentage des Jahres 51, indem er sagte, es
tauge nichts und sei ganz falsch. Er hatte sich
eines auf Papier gekauft für 10 pat."

Als P. Ghesquière diese Einträge fand, gingen
die Ansichten der Gelehrten über die Zeit der Er=
findung der Buchdruckerkunst noch weit ausein=
ander. Nicht zum wenigsten trug die Verwechs=
lung von Tafeldruck mit eigentlichem Buchdruck
die Schuld an dem herrschenden Wirrwarr. Auf
keiner besseren Grundlage beruhten die Ansichten
derjenigen Gelehrten, welche, ohne Kenntniß und
Vergleichung der Wiegendrucke, aus mißverstan=
denen schriftlichen Zeugnissen Aufschlüsse über die
Erfindung der Buchdruckerkunst ableiten wollten.
So behauptete des Roches in der Versammlung
der Gesellschaft der Wissenschaften zu Brüssel
vom 8. Januar 1777, in Antwerpen habe man
schon lange vor 1442 gedruckt, was er damit
rechtfertigen wollte, daß eine in der Gildekammer
von St. Lukas in Antwerpen aufgefundene Ur=
kunde vom 22. Heumonat (Juli) 1442 eine Gilde
der Drucker aufführt. Nach des Roches waren
diese Drucker, die neben den Malern, Bildhauern,
Steinmetzen, Glasern und Schriftmalern aufge=
zählt werden, nicht etwa Holzschnitt=, Karten=,
Kattundrucker, sondern Buchdrucker. Kaum hatte
Ghesquière die Einträge in dem Tagebuche des
Abtes von Cambrai gelesen, als er sich gegen des
Roches wandte und für Brügge das Vorzugsrecht
vor Antwerpen in Anspruch nahm.

Hatte des Roches Drucker ohne Druckwerke auf=
gefunden, so war es dem P. Ghesquière, wie er

glaubte, gelungen, gedruckte Bücher aus dem Jahre
1446 nachzuweisen und mittels der gedruckten
Bücher auch den Drucker zu ermitteln. Bei Licht
betrachtet, hatte Ghesquière es genau so gemacht
wie des Koches. Die Drucker in der Urkunde von
1442 konnten den Verfertigern der gedruckten Bücher
des P. Ghesquière getrost die Hand reichen.

Gedruckte Bücher hat der Abt von Cambrai
in Brügge kaufen laſſen, denn die Worte: „getle
en molle," „gettez en molle" ſind wohl gleichbe=
deutend mit: „jeté en moule", „fait au moule".
„Molle" oder „moule" heißt nach dem Dictionnaire
de l'académie française die Form, mittels welcher
ein Gegenſtand in einer beſtimmten, durch die
Form gegebenen Geſtalt hergeſtellt wird. Ins=
beſondere iſt moule die Form, in welcher Gegen=
ſtände gegoſſen werden. Kanonen, Glocken, Stand=
bilder werden in Formen gegoſſen, les canons, les
cloches, les statues se jetent en moule, se font au
moule. Da man Bücher nicht auf dieſelbe Weiſe
herſtellt, wie Glocken, Kanonen oder Standbilder,
ſo bedeutet jeter en moule hier die Herſtellung in
einer Form. Die in Brügge gekauften Bücher
waren demnach n i c h t g e s c h r i e b e n, ſondern i n
e i n e r F o r m h e r g e ſ t e l l t, g e d r u c k t. (Man
vergleiche noch den Satz in L'hermite de la Chausée-
d'Autin: „je moule mes figures sur la nature vivante,"
ich geſtalte meine Bilder (Sittenſchilderungen) nach
der wirklichen Natur.)

Mit dieſer wort= und ſinngetreuen Ueberſetzung der Tagebuchſtellen war aber dem P. Ghesquière nicht gedient. In Brügge konnte man, wie er aus den Stellen folgerte, im Jahre 1446 nicht blos gedruckte, ſondern mit beweglichen, ge= goſſenen Buchſtaben erzeugte Bücher kaufen. Die Worte: „jeté en moule“ waren ihm gleichbedeutend mit: „imprimés avec des caractères moulés“, „avec des caractères coulés dans un moule“ und dergleichen. Dieſe Worte ſtehen aber nicht in dem Tagebuche und dürfen auch nicht hineingeleſen werden, wenn ſie unbedingt daſtehen müſſen, um einen ſonſt nicht zu führenden Beweis zu liefern. Ghesquière macht ſich die Auslegung inſofern leicht, als er ſeinen Leſern zumuthet, die vom Abte gebrauchten Worte, das Bild vom Guſſe, zweimal hintereinander zu verwerthen. Jeté en moule heißt bei dem Pater einmal: hergeſtellt, gedruckt, gegoſſen in der Form; dann aber deutet das Wort „moule“ noch das Weſen der Form an. Auch ſie iſt, wie das Buch gegoſſen, durch Guß hergeſtellt, le moule iſt ſelbſt coulé, fondu, d. h. ſie iſt aus beweglichen, gegoſſe= nen Buchſtaben gebildet.

Eine Glocke bezeichnet man als gegoſſen im Gegenſatze zu einer ſolchen, die, wie dies früher geſchah, aus Blech genietet oder, wie eine Kölner Glocke, geſchmiedet worden iſt. Mit den Worten: „Die Glocke iſt gegoſſen,“ iſt der Begriff abge= ſchloſſen; wer den Inhalt des Begriffes ausdehnen,

noch weitere Merkmale aufstellen will, der muß dies
genau angeben, er muß sagen, was in dem ursprüng=
lichen Begriff selbst nicht enthalten ist, wie die Form
beschaffen war, ob aus Lehm, Sand, Stein und dergl.,
und er muß das verwendete Erz angeben, um einen
Bronceguß von einem Stahlguß zu unterscheiden,
alles Dinge, die aus den Worten: „die Glocke ist
gegossen," nicht von selbst herauszulesen sind. Ein
gedrucktes Buch bildet den Gegensatz zu einem
geschriebenen. Wo es aber darauf ankommt, die
Herstellungsart des gedruckten Buches näher fest=
zustellen, auszudrücken, ob das Buch mittels Tafel=
druckes, mittels Stereotypie, unter Anwendung von
beweglichen hölzernen oder gegossenen Buchstaben
geschaffen wurde, da reicht die Bezeichnung nicht
aus, die das Buch lediglich · als ein gedrucktes
kennzeichnet.

Drucker und gedruckte Bücher gab es bereits
vor dem Jahre 1446. Eine Urkunde vom Jahre
1356 gedenkt eines Mainzer Druckers Hartwich,
eine vom Jahre 1409 eines Druckers Arnold d. J.
Weder der eine noch der andere war ein Buch=
drucker im heutigen Sinne des Wortes, so wenig
wie einer jener niederländischen Printers, die,
soweit sie Bilder oder Bücher herstellten, Holz=
tafeldrucker, *imprimeurs sur bois*, waren. Mittels
hölzernen Tafeln wurden vor und noch lange nach
Erfindung der Buchdruckerkunst, noch nach dem
dreißigjährigen Kriege, außer Bildern (z. B. der

Buxheimer Christophorus von 1423, die in Gand in der Sammlung Delbecq befindliche Geißelung Christi von einem flandrischen Meister vor 1440, die im germanischen Museum in Nürnberg ver= wahrten Holzschnitte und Holzstöcke), kleinere Bücher, namentlich die s. g. Donate (Auszüge aus der Grammatik des Coelius Donatus aus dem 4. Jahrh.) gedruckt. Die Pariser Nationalbiblio= thek besitzt ein vollständiges Stück eines solchen Donats von 36 Blättern, verwahrt aber auch zu gleicher Zeit die Holztafeln, die zur Herstellung von zwei Seiten des Donats gedient hatten. Solche Donate haben namentlich die Holländer hergestellt und wohl erst nach ihnen die Belgier, bei welchen dieses Schulbüchlein lange in Brauch war, wie aus einem Erlasse für die großen und kleinen Schulen Brüssels vom Jahre 1320 erhellt. Ueber die Ausstattung dieser Büchlein äußerte sich des Roches im Jahre 1777 wie folgt: „Ich habe bereits verschiedenemale diese sonderbaren Abdrücke von Holzformen, die aus der holländischen, un= vollkommenen Druckerpresse gekommen waren, ehe die Deutschen die gegossenen Lettern erfunden hatten, untersucht, und war mit allen meinen Landsleuten überzeugt, daß diese kostbaren Denk= male von 1440 oder da herum wären und daß man um solche Zeit noch nirgends als in Holland gedruckt habe."

Waren die in Holzformen hergestellten Büch=

lein um das Jahr 1440 „oder da herum" noch als
etwas Neues zu betrachten, so begreift man, daß
der Abt von Cambrai die von ihm gekauften Büch=
lein als „in der Form gedruckt" bezeichnet. Hätte
er gar schon ein mit beweglichen, gegossenen Buch=
staben geschaffenes Büchlein für den kleinen
Alexander gekauft, so würde er eines, damals dann
ganz kostbaren Erwerbs in andern Worten gedacht
haben, als geschehen.

Im Anschlusse hieran sei auf die Thatsache
hingewiesen, daß die ältesten Wiegedrucke sich nicht
etwa als gedruckte Bücher zu erkennen geben, son=
dern daß sie das neu entdeckte Verfahren bald
mehr bald weniger deutlich beschreiben. Die Her=
stellung von Buchstaben und den Druck mit Buch=
staben betont die Schlußschrift des kostbaren Psal=
ters vom 14. August 1457, die wunderbare Ueber=
einstimmung der „Patrone und Formen" rühmt die
Schlußschrift des „Catholicon" von 1460, die
Schlußschrift des von den Dominikanervätern
Dominico de Pistoia und Pietro di Pisa im Jahre
1477 gedruckten Lebens der heil. Katharina von
Siena verweist darauf, daß man bei dem Drucke
des Buches Gebrauch gemacht habe von „expressis
ante calibe characteribus et deinde fusis literis".
Eine dichterische Schlußschrift eines Mainzer
Druckes von 1468 (Grammatica vetus rhytmica)
bezeichnet das Buch als „fusus" (fondu, coulé), allein
sie fügt sofort hinzu, das Buch sei hergestellt wor=

den in dem Hause, in welchem man die neuen Buchstaben erfand („unde caragma venit").

Wäre es hiernach noch nothwendig, wegen der richtigen Deutung der Worte „jeter en moule" noch auf das Zeugniß eines in gleichem Maße mit dem Geiste der französischen Sprache wie mit der Geschichte der Buchdruckerkunst vertrauten Forschers zu verweisen, so möchte hier des gelehrten D a u n o n, des Mitglieds des Institut national (1761—1840), gedacht werden, der in seinem, der Prüfung der verschiedenen Ansichten über die Er=findung der Buchdruckerkunst gewidmeten Werke (Paris, Frimaire XI, d. h. Dezember 1802) die Worte: „jeté en moule" für gleichbedeutend mit moulé erklärt, dabei aber ausdrücklich betont, daß unter solchem Drucke lediglich der Tafeldruck zu verstehen sei.

III.

Welches Buch der Abt von Cambrai in Brügge habe kaufen laſſen, iſt dann ganz gleich= gültig, wenn es ſich um den Erwerb eines Tafel= druckes handelte. Da aber Ghesquière das gekaufte doctrinale für einen wirklichen Buchdruck hielt, war er veranlaßt, ſich mit dem Gegenſtande des Kaufes näher zu befaſſen. Ihm und denjenigen Gelehrten, die nach mehr als hundert Jahren in ſeine Fußtapfen eingetreten ſind, galt die Stelle in dem Tagebuch von Jean=le=Robert als eine leer gebliebene Vollmacht, die man nur auszufüllen brauchte, um auf dieſem Wege irgend ein Buch als erſtes Druckwerk und deſſen Drucker als den Erfinder der Buchdruckerkunſt in die Welt ein= zuführen.

Der Weg, den ſie zur Ausfüllung der Voll= macht einſchlugen, war ein höchſt einfacher. Es gibt nämlich viele Frühdrucke, welche den Namen des Druckers, Ort und Zeit des Druckes nicht er= kennen laſſen. Unter dieſen Drucken von Werken, die ſelbſtverſtändlich vor 1446 geſchrieben waren,

suchte man sich einige heraus, die sich entweder
ausdrücklich oder dem Sinne nach als Doctrinale
kennzeichneten und bezeichnete bald das eine, bald
das andere der auf diese Weise gefundenen Bücher
als das in Brügge gekaufte Werk. Dabei kam es
gar nicht darauf an, ob das also ermittelte Werk
überhaupt als ein Lehrbüchlein der Fassungsgabe
des kleinen Alexander entsprach, vielmehr kam es
auf die bestimmte Bezeichnung des Buches als
doctrinale an.

P. Ghesquière fand unter den Büchern mit
der Aufschrift „doctrinale“, ein im Jahre 1388 von
dem Erzbischofe von Sens Guido de Roye
(gest. 1409 auf der Fahrt nach dem Concile zu
Pisa) geschriebenes „doctrinale sapientiae“. Einer
Zeit entstammend, in welcher die Lehren der Welt=
weisheit noch einen Theil der Gottesgelehrsamkeit
bildeten, behandelt diese Schrift die Lehren der
katholischen Religion und verbindet damit Wei=
sungen zu einem diesen Lehren entsprechenden
Lebenswandel. Die älteste beglaubigte Ausgabe
ist eine von einem Mönche von Cluny besorgte
Uebersetzung (Le liure de sapience), deren Druck
in Genf am 9. Oktober 1473 vollendet wurde.
Von diesem vielfach gedruckten Werke Royes gibt
es auch eine Ausgabe ohne Druckort und Jahres=
zahl, die ganz den Zwecken des P. Ghesquière
entsprach. Er zauderte auch nicht, dieses etwas
umfangreiche Werk (die Genfer Ausgabe hat 96 fol.

größten Musters) als das in Brügge für den
kleinen Alexander gekaufte Buch zu bezeichnen.

Im Hinblick auf die Bestimmung des Buches,
als Leitfaden für den Unterricht eines Knaben zu
dienen, glaubte ein Franzose, Mercier de Saint=
Léger, im Jahre 1779 ein anderes Buch an die
Stelle des von Ghesquière vorgeschobenen Doctrinale setzen zu sollen. Nach der Ansicht des Fran=
zosen hat der Abt in Cambrai das Doctrinale
Alexandri de Villa Dei erstanden, ein in 2645
Versen abgefaßtes Lehrbuch der lateinischen Sprache,
das bereits im 13. Jahrhundert in den Schulen von
Paris eingeführt war und auf den deutschen Hoch=
schulen bis gegen Ende des 15. Jahrhunderts als
Leitfaden für Vorlesungen diente. Von diesem
in der ganzen gebildeten Welt verbreiteten Lehr=
buche gab es zahllose Abschriften (-die Mainzer
Stadtbibliothek verwahrt vier Handschriften des
Doctrinale aus dem 15. Jahrhundert-); ob man
vor Erfindung der Buchdruckerkunst auch den Ver=
such machte, Auszüge daraus auf dem Wege des
Tafeldruckes zu verbreiten, darüber läßt sich nichts
sagen. Jedenfalls ist im Jahre 1446 von diesem
Doctrinale eine Druckausgabe nicht zu kaufen ge=
wesen. Nach Erfindung der Buchdruckerkunst
erschienen in Ober=Italien, in Deutschland und in
den Niederlanden im Laufe von über hundert
Jahren zahllose Abdrücke der Grammatik. Die
älteste Druckausgabe scheint jene des Wendelinus

von Speier zu sein, die um 1470 vollendet wurde. Die nächstälteste, mit vorzüglich schöner Schrift hergestellte Ausgabe erschien im April 1472 in der Druckerei des Gerhard von Flandern (eines Schülers der Mainzer Drucker, wie man vermuthet), in Tarvis. Da es im Ganzen aus der Zeit von 1475 bis 1498 nicht weniger als 16 Ausgaben ohne Bezeichnung des Druckers, des Druckortes und der Jahreszahl gibt, so war es für Mercier, wenn er einen Frühdruck vom Jahre 1446 nachweisen wollte, ebenso leicht wie für Ghesquière die Lücke im Tagebuche des Abtes von Cambrai in der ihm gutdünkenden Weise aus=zufüllen.

Mit gleichem Rechte konnte Ghesquière weiter die Behauptung aufstellen, in Brügge habe man im Jahre 1446 neben dem doctrinale sapientiae noch ein anderes, namentlich für die Jugend be=stimmtes Sittenbüchlein (Liber faceti morosi, do-cens mores hominum, praecipue juvenum) kaufen können. Von diesem Büchlein gibt es neben meh=reren, nach ihrer Herkunft festgestellten, meist aus Deventer stammenden Ausgaben aus den Jahren 1492—1500 auch eine der Bezeichnung des Druckers, des Druckortes und der Jahreszahl er=mangelnde Ausgabe, die P. Ghesquière dem doct-rinale sapientiae als ein gleichalteriges Werk zur Seite zu stellen keinen Anstand nahm.

War es dem P. Ghesquière in der bezeichneten

2*

Weife gelungen, zwei vor dem Jahre 1446 ge=
druckte Bücher aufzufinden, fo durfte er fich fchon
der Hoffnung hingeben, noch andere Stücke des
damaligen Brügger Büchermarktes zu ermitteln.
Auch nach diefer Richtung verließ das Glück den
findigen Pater nicht. Etwa um das Jahr 1450
konnte man, fo stellte P. Ghesquière im weiteren
Verlaufe feiner Forfchungen fest, in Brügge noch
ein anderes, auf den Namen des erften Druckers
und den Erfinder der Buchdruckerkunst, den Jo=
hann Brito aus Brügge hinweifendes Druck=
werk, auf die oben erwähnte, um das Jahr 1450
gedruckte, f. g. instruction et doctrine de tous chrétiens et chrétiennes käuflich erwerben.

Kanzler Gerfon hatte einft auf Erfuchen des
Mathieu de Reynault, Bifchofs von Terouanne,
einen Auffatz zur Unterweifung in den Grund=
lehren der chriftlichen Religion abgefaßt, den
der Bifchof auf zwei großen Tafeln im Chore der
Kirche zu Unferer lieben Frau aufhängen ließ.
Von diefer fpäter auch im Druck erfchienenen
Arbeit ist ein Stück dermalen in der Parifer
Nationalbibliothek zu finden, während drei Blät=
ter, wahrfcheinlich Probeabzüge, von Bossaert
in der Brügger Urkundenfammlung im Jahre
1854 aufgefunden, noch heute dort aufbewahrt
werden.

Der von La Serna, Panzer, Lambinet,
Janfen, Hain u. A. befchriebene, in Paris

befindliche Druck, den in Uebereinstimmung mit an=
deren berufenen Gelehrten der erste Vorsteher der
königlichen Büchersammlung in Haag, Campbell,
in die Zeit von 1477—1481 versetzt, hat eine
dichterische Schlußschrift, die, offenbar der Druck=
vorlage entnommen, von P. Ghesquière zum un=
bestreitbaren Belege für die Erfindung der Buch=
druckerkunst durch Johann Brito in Brügge aus=
gebeutet worden ist. Dieser Schlußsatz verweist
nämlich auf die Zierlichkeit des vorliegenden
Schriftstückes (praesentis *scripturae*), sie fordert
auf, Werk mit Werk, Buch mit Buch zu ver=
gleichen. „Siehe," so bittet sie, „wie schmuck, wie
reinlich, wie zierlich der Brügger Johann Brito
dies gedruckt hat, der, ohne Anleitung eines An=
deren eine wunderbare Kunst und nicht minder
staunenswerthe Werkzeuge erfunden hat."

Bedurfte es mehr als des Hinweises auf diese
Schlußschrift, um in den Augen Ghesquières den
Brito als den ersten Drucker erscheinen zu lassen?
Da war ja deutlich gesagt, daß Brito die wunder=
bare Kunst des Buchdruckes und der dazu noth=
wendigen Werkzeuge erfunden habe. Er sagte es
ja selber; wer durfte daran noch zweifeln?

Um den wahren Sinn der dichterischen Schluß=
schrift zu ermitteln, muß man zunächst die Frage
prüfen, ob das Gedicht in Wirklichkeit auf den
Druck der Instruction oder auf eine dem Druck
vorausgegangene, andere Vervielfälti=

gung des Aufſatzes von Gerſon ſich bezieht?
Die erſtangedeutete Annahme erſcheint ausgeſchloſſen.
Am Ende eines der Zeit von 1477—1481 angehö=
rigen Druckes hat die Behauptung, Brito, der
Schöpfer dieſes Druckes, ſei der Erfinder der Buch=
druckerkunſt geweſen, keine Bedeutung, nachdem ſo
lange Zeit vorher ſchon die Mainzer Drucke auf
die Entdeckung der Kunſt hingewieſen hatten. Bloß
um der Schlußſchrift halber dem Druck ein ſeiner
Geſtalt nicht entſprechendes, höheres Alter zu geben,
geht nicht an, abgeſehen davon, daß Brito, hätte
er die neue Kunſt erfunden, ſich ganz anders aus=
gedrückt hätte.

Angeſichts dieſer Bedenken haben ältere Forſcher
die Schlußſchrift auf eine dem Drucke vorausge=
gangene, durch Johann Brito hergeſtellte Verviel=
fältigung der Inſtruction, welche dann ſpäter die
Vorlage zum Drucke geworden, mit allem Rechte
bezogen.

Betrachtet man den Inhalt des in Paris ver=
wahrten Druckes näher, ſo erfährt man, daß von
den beiden in Terouanne aufgehängten Tafeln
eine Abſchrift gemacht wurde. Dieſe begann
mit den in den Druck übergegangenen Worten:
„Est cy la *coppie* des deux grans tableaux“ und
endete. mit der für die „Copie“ beſtimmten Schluß=
ſchrift, die ausdrücklich von einer Schrift, „scriptura“ redet. Von dieſer coppie und scriptura nun,
die der „*escrivain*“ Brito hergeſtellt hat, rühmt

der Verfertiger, sie sei auf eine neue, von ihm ersonnene, kunstreiche und staunenswerthe Weise geschaffen. Welches war nun das Verfahren des Brito bei Herstellung der „Copie" gewesen? Eine bestimmte Antwort gibt es hierauf nicht; allein auch hier ist die Lösung nicht allzu schwer zu errathen. Wir wissen nämlich, daß man längst vor Gutenberg „gedruckt" hat und zwar mit Stempeln (cum stampo). Es war, wie bereits im vorigen Jahrhundert festgestellt wurde, eine nicht ungewöhnliche Beschäftigung der Mönche, Stempel herzustellen und damit, statt auf dem Wege der Schrift, Bücher zu fertigen. Bücher dieser Art sind aus dem 14. und 15. Jahrhundert nachweisbar. (S. Wetter, Kritische Geschichte der Erfindung der Buchdruckerkunst S. 20.) Einzelne „Buchschreiber" bedienten sich auch ausgeschnittener Formen (Schablone), andere schufen sich Holzformen u. s. w.

Auf welche Weise der escrivain Brito seine „Copie" anfertigte, läßt sich heute nicht mehr nachweisen, da diese Schrift sich nicht erhalten hat. Offenbar hat sie aber als Vorlage für einen wirklichen Druck gedient, der nach Campbell u. A. in den Jahren 1477—1481 gefertigt worden ist. Das Verhältniß der Vorlage zu dem gedruckten Buche ergibt sich aus dem letzten von selbst. „Hier ist die Copie der beiden großen Tafeln," so beginnt das Buch, dessen Drucker man noch nicht er-

mittelt hat. Wäre Brito, wie man in Brügge
anzunehmen geneigt ist, auch der spätere Drucker
gewesen, so hätte er gewiß nicht unterlassen, mit
gerechtem Stolze auf die, die frühere *scriptura* weit
überflügelnde, neue Herstellungsweise deutlich hin=
zuweisen. Hat ein Anderer, etwa der als erster
Drucker Brügges gefeierte C o l a r d M a n s i o n,
oder, wie Andere annehmen, V e l d e n a r, den
Druck hergestellt, so begreift man ganz gut
die ohne jeden weiteren Zusatz erfolgte Wieder=
gabe des Lobes der Vorlage. Ist der Ausdruck
„Copie" im Hinblick auf einen Druck ungewöhn=
lich, so ist es noch mehr die Bezeichnung *scriptura*,
die in der Schlußschrift des Druckes wiederkehrt.
Auch das Lob der Zierlichkeit paßt auf eine
Schrift eher als auf einen Druck, namentlich aus
der ersten Zeit der Erfindung der Kunst. Gerade
was den Druck betrifft, der in Paris erhalten ist,
so hat bereits d e L a S e r n a darauf hinge=
wiesen, daß ihm eine besondere „gracia" nicht nach=
zurühmen ist.

Bezieht man, wie dies von selbst gegeben ist,
die Schlußschrift der Instruction auf die V o r l a g e
des Druckes und nicht auf diesen selbst, so fällt
Alles zusammen, was man aus ihr hat folgern wollen.
Brito, der Schreiber, hat dann eine Copie der Ger=
sonschen Instruction gefertigt, die in seinen und
seiner Zeitgenossen Augen das Lob verdienen mochte,
das der Dichter ihr so bereitwillig gespendet hat.

Um die voreilig aus dem Schluſſe der Zier=
ſchrift abgeleitete Unterſtützung für eine wiſſenſchaft=
lich ſonſt nicht zu erhärtende Behauptung zu ent=
kräften oder zu beſeitigen, braucht man den In=
halt der Schlußſchrift nicht als leere Prahlerei
oder Lüge darzuſtellen. Wie in den Schlußzeilen
von Wiegendrucken der Wahrheit ins Geſicht ge=
ſchlagen und das Verdienſt des wirklichen Erfin=
ders der neuen Kunſt geſchmälert wurde, dafür
zeugen jene Schlußſchriften Mainzer Drucke, die den
Verſuch machen, den J o h a n n F u ſ t an Stelle
Gutenbergs als den Erfinder einzuführen. Auf
eine gleiche Abſicht die Schlußſchrift der In=
ſtruction zurückzuführen, liegt nach der hier ge=
gebenen Deutung ein Anlaß nicht vor.

Mit dieſer Auslegung fällt die einzige Stütze
für die im Uebrigen vom wiſſenſchaftlichen Stand=
punkte aus unhaltbare Behauptung Ghesquières,
deſſen Arbeit nach den gründlichen Widerlegungen
durch Männer wie M e r c i e r , D a u n o n und durch
die ſpäteren W e t t e r und S c h a a b der verdienten
Vergeſſenheit anheimgefallen iſt.

IV.

Wie die rechtskräftigen Urtheile der Gerichte, so können auch die Urtheile der Wissen=schaft nach Auffindung neuer Beweismittel zu jeder Zeit wieder in Frage gestellt werden. Um aber bei der Wiederaufnahme des Verfahrens einen Erfolg zu erzielen, muß der Antragsteller Mittel vorbringen, welche bei Abfassung des angegriffe=nen Urtheils noch nicht vorgelegen und welche geeignet sind, eine dem Antragsteller günstige Ent=scheidung herbeizuführen. Eine solche Wieder=aufnahme des Verfahrens zu Gunsten des Brügger Johann Brito betreiben der Archivar Gilliodts und Domherr Kommel zur Herzensfreude ihrer Landsleute als eine revendication patriotique. Wer nach den lärmenden Ankündigungen in den Bel=gischen Blättern eine neue Entdeckung über die Erfindung der Buchdruckerkunst erwartete, war bei Durchsicht des Werkes: „L'oeuvre de Jean Brito" arg enttäuscht, denn die neue Schutzschrift für Brito unterscheidet sich ihrem wesentlichen Inhalte nach kaum von den Ausführungen Ghesquières, wenn

auch die Form des wissenschaftlichen Anstriches
nicht entbehrt. In der Hauptsache bewegt auch die
Ausführung Gilliodts' sich um die Ausfüllung der
nach Ansicht der Brügger Gelehrten unvollstän=
digen Nachrichten in dem Tagebuche des Abtes von
Cambrai.

Der Versuch, die Tagebuchnachricht zu ver=
vollständigen, gehört, bei Licht betrachtet, zu jenen
Waffen, die leicht gegen den Angreifer selbst sich
richten lassen. Das haben die Sachwalter des
Lorenz Coster von Harlem, die neuerdings
wieder auf dem Plane erscheinen, längst heraus=
gefunden. Was dem Einen recht ist, ist dem
Andern billig, dachte ein Vertreter der Harlemer
Sache und nahm keinen Anstand, die Behauptung
aufzustellen, das im Jahre 1446 gekaufte Buch,
das mit beweglichen, gegossenen Lettern gedruckt
gewesen, sei aus der Harlemer Druckerei hervor=
gegangen, sei ein Erzeugniß Harlemer Drucker.
Ebenso gut hätten die Harlemer die Tagebuch=
einträge benützen können, um den Beweis der
Wahrheit für eine bereits im 16. Jahrhundert in
Umlauf gesetzte Erzählung anzutreten. Bekanntlich
soll der Mainzer Faust (Fust) einen Theil der
Buchstabenschrift Costers entwendet und damit in
Mainz im Jahre 1442 das Doctrinale des Alexan=
der Gallus gedruckt haben. Nimmt man nun an,
was nicht allzu sehr gesucht erscheint, daß auf
dem Wege des Handels ein solches Doctrinale

nach Flandern gekommen, so stände nichts im Wege,
in dem vom Abte Jean=le=Robert gekauften Buche
ein Mainzer Doctrinale zu erkennen.

Mit noch größerem Scheine von Wahrschein=
lichkeit könnten auch die Mainzer die Tagebuch=
nachrichten zu ihren Gunsten verwerthen unter
Hinweis auf die unbestreitbare Thatsache, daß
Gutenberg, bevor er sein größeres Werk, die Bibel,
herausgab, Donate gedruckt hat, von denen ein
Stück schon vor 1451 Verwendung gefunden. Will
man nun behaupten, ein von Gutenberg nach dem
neuen Verfahren gedruckter Donat sei auf dem
Wege des Handels nach Brügge und in die Hände
des Abtes von Cambrai gekommen, so braucht man
nicht einmal einen Wiegendruck um dreißig Jahre
älter zu machen, wie dies die Sachwalter Britos
thun, um ein Erzeugniß der Brügger Presse
in die Tagebuchnachricht von 1446 einzuschmug=
geln.

Solche Alterszulagen werden eben mit so frei=
gebiger Hand vertheilt, daß Brügge sich in Acht
nehmen muß, um nicht von Antwerpen überholt
zu werden. So soll neuerdings das in Brügge
verwahrte, angeblich in Antwerpen gedruckte Bre-
viarium Tornacense in das Jahr 1446 hinaufgerückt
werden, während dieser Druck, die pars aestiva des
Breviers der Marienkirche von Tournai, von
Campbell in das Jahr 1484 gesetzt wird.

Es lohnt sich wahrlich nicht der Mühe, an

weiteren Beispielen die Haltlosigkeit einer solchen
Beweisführung darzuthun.

Namentlich verlohnt es sich nicht der Mühe,
noch einmal auf die Auslegung der Worte: „jeté
en moule" zurückzukommen, welche Gilliodts und
Rommel genau so wie Ghesquière deuten wollen.
Als Schutzzeugen rufen sie einen Anhänger Costers
auf, der die ganz gewiß nicht zu bestreitende That=
sache bezeugt, daß die Herstellung eines Druckes
mit „lettres moulées" die Annahme eines Druckes
mittels geschnittener oder sonstwie hergestellter
Formen ausschließe. Diese Behauptung wäre für
die vorliegende Frage nur dann beweiskräftig,
wenn der Abt von Cambrai wirklich gesagt hätte,
das von ihm gekaufte Buch sei mit lettres moulées
gedruckt gewesen. Davon steht aber nichts in dem
Tagebuche und bei dem Mangel jeder näheren
Bezeichnung der Form ist die Ergänzung der
Beschaffenheit der Form rein willkürlich.

Indem die Brügger Gelehrten nach dem Vor=
gange Ghesquières eine nicht zu erweisende That=
sache als erwiesen annehmen, eignen sie sich weiter
die Behauptung ihres Vorgängers an, wonach
Brito der Erste war, welcher mit beweglichen,
gleichförmigen, gegossenen Buchstaben gedruckt
haben soll. Nur darin unterscheiden sie sich von
ihrem Vorgänger, daß sie an Stelle des von Ghes=
quière als Erstlingsdruck bezeichneten Doctrinale
ein anderes Büchlein setzen.

Ghesquière war, nach Anſicht der neuen Sach=
walter Britos, ſo nahe daran geweſen, das Rich=
tige zu errathen, und hat nur in unbegreiflicher Ver=
blendung die einzig wahre Löſung der Frage nach
dem gekauften Buche verfehlt. Der Irrthum iſt
um ſo unbegreiflicher, als er das richtige Buch
ſelbſt in der Hand gehabt hatte. Er ſah ja, wie
er ſelbſt meldet, das dermalen in Paris verwahrte
Büchlein einſt bei dem ihm befreundeten Ger=
hard Meermann, dem großen Kenner der
Wiegendrucke und Verfaſſer der Origines typo-
graphicae. Es war die Instruction et doctrine des
Kanzlers Gerſon, die Meermann um acht Gulden
gekauft hatte und die bei der Verſteigerung der
Meermannſchen Bücher durch van Praod um
Fünfhundert und zehn Gulden erſtanden wurde.
Das war das im Jahre 1446 gekaufte Buch, das
Ghesquière ohne ſichtlichen Grund in das Jahr
1450 geſetzt hat. Setzt man das Büchlein wieder
in ſein Recht ein, ſo iſt die ganze Frage nach dem
erſten Drucke der Welt gelöſt.

Wer ſolche Schlüſſe zieht, beweiſt nur, wie
bequem es iſt, mittels des Tagebuches des Abtes
über längſt feſtgeſtellte Thatſachen ſich hinwegzu=
ſetzen.

V.

Für Ghesquière und Genossen lag, wie begreiflich, ein besonderer Anlaß vor, sich mit dem Lebenslaufe des Erfinders der Buchdruckerkunst näher zu beschäftigen. In der festen Ueberzeugung, nach dieser Richtung hin in den Zunftbüchern von Brügge Aufklärung finden zu können, bat einst der gelehrte Bollandist um Gestattung der Einsicht in die Bücher der Gilde vom heil. Johannes dem Täufer, was ihm aber abgeschlagen wurde. In ungleich besserer Lage befand sich der Verwahrer der Urkundenschätze von Brügge, der an der Hand der Rechnungen jener Genossenschaft folgende Thatsachen festgestellt hat:

1. Der Gilde der Buchschreiber, *escrivains*, in Brügge gehörte in der Zeit von 1454 bis 1493/94 ein Johann Brito, Sohn eines gleichnamigen Vaters, an;

2. seit 1459 wird dieser Johann Brito als *meester* (maitre-ecrivain) bezeichnet. Diese beiden Thatsachen bilden für Gilliodts den Ausgangspunkt zu Erörterungen, welche den durch das

Tagebuch des Abtes von Cambrai bereits gelie=
ferten Beweis über allen Zweifel erheben sollen.

Für einen unbefangenen Leser erhellt aus dem
Gildebuch, daß wohl Johann Brito der nämliche
ecrivain sein dürfte, der den Aufsatz des Kanzlers
Gerson so schön, so reinlich und zierlich abge=
schrieben hat, wie dies die Schlußschrift der
„Coppie" der Instruction besagt. Daß dieser Brito
derselbe ist, der nach Annahme der Gelehrten in
der Zeit von 1477—1481 und am 16. Mai 1488
vier Druckwerke hergestellt hat, steht auf Grund
des Gildebuchs nicht fest, läßt sich aber als mög=
lich zugeben.

Reicher als hier angedeutet gestaltet sich die
Ausbeute des Gildebuches unter der Bearbeitung
Gilliodts.

Sonntagskinder sehen bekanntlich mehr als
andere Menschen. Es fand einmal bei dem Aus=
fluge einer Gesellschaft nach der Saalburg ein Mit=
glied einen großen, rostigen Nagel und nicht weit
davon einen starken, langen Strick. Vor dem gei=
stigen Auge des Finders zeigte sich sofort das Bild
eines ungetreuen Quästors, der die für einen Theil
der römischen Besatzung bestimmte Löhnung verun=
treut und verjubelt hatte und dann der drohenden
gerichtlichen Verfolgung dadurch sich entzog,
daß er sich in einem, dem Lager benachbarten
Gehöfte erhängte. Die Wand, in welcher einst der
Nagel .gesteckt, war längst von dem Erdboden ver=

schwunden, wie die Ueberreste des Römers, aber
die anderen, noch erhaltenen Zeugen des Selbst=
mordes redeten eine nicht mißzuverstehende Sprache.

So erhalten auch die dürftigen Nachrichten
in dem Gildebuch ihre richtige Deutung, wenn
man sich nicht ängstlich an die Worte hält.

Wenn irgend eine Stadt berufen war, die
Wiege der Buchdruckerkunst zu werden, so war
es Brügge. Dort, in einer Stadt, die nicht blos
wegen ihres Handels, ihres Reichthums, sondern
namentlich wegen der Pflege der Künste und
Wissenschaften gerühmt wurde, dort hatte man —
höchst wahrscheinlich — die Kunst des Holz=
schnittes erfunden, von dort aus entfaltete sich
ein reicher Vertrieb der Schöpfungen dieser Kunst
und der damit verwandten Kunstzweige. Wie leicht
war in Brügge der Schritt vom Tafeldruck zum
eigentlichen Buchdrucke! Wer kennt nicht die
schönen burgundischen Münzen? Die Arbeiter der
herzoglichen Münzstätte stellten sich den ersten Buch=
druckern von Brügge helfend zur Seite. So ist es
namentlich einem Bedenken nicht unterworfen, daß
Marc le Bongetteur (Marcus, der gute Gießer)
dem Johann Brito hilfreiche Hand leistete, war er
doch mit diesem in dieselbe Zunftliste eingetragen.

Brito war kein gewöhnlicher Schreiber. Sein
gleichnamiger Vater bekleidete die ersten städtischen
Aemter in Brügge und stand in dem Kampfe
zwischen dem König von Frankreich und dem

3

Herzog von Burgund auf des letzten Seite, wäh=
rend doch im allgemeinen die Bürger der üppig
gewordenen Städte Gent und Brügge mehr auf
sich selbst als auf den Herzog zu halten pflegten.
Der Sohn hatte zwar dem Vater den Schlüssel
auf das Grab gelegt, aber dessen Gesinnungen
treu bewahrt. Darum ist es auch kein Zufall,
daß Brito die Instruction des Canzlers Gerson
druckte. Gerson (gest. am 9. Juli 1429) war ja
einst von dem Herzog von Burgund nach Brügge
berufen worden und hatte dort in der Zeit von
1397 bis 1401 als Dechant und namentlich als
Prediger gewirkt. Es war sonach eine gewisse
Aufmerksamkeit für Herzog Philipp den Gütigen
von Burgund, der später Gersons Brügger
Predigten sammelte, wenn der Schreiber Brito
die Instruction Gersons neu erscheinen ließ!

Die hervorragende Stellung Britos im Kreise
seiner Zunftgenossen erhellt aus der ihm beigelegten
ehrenden Bezeichnung als „Meister“. In Brügge
muß die Meisterschaft offenbar etwas ganz be=
sonderes gewesen sein, während anderwärts in
den Zünften diese Bezeichnung den Gegensatz zu
den Gesellen und Lehrjungen oder die Stellung
eines Vorstandsmitgliedes der Zunft andeutet. In
Autun nannten sich alle Mitglieder der Schreiber=
zunft „maîtres-écrivains“.

Die Mitglieder der St. Johannisgilde, zu
welcher außer Brito auch der Drucker Colard

Mansion gehörte, waren, nach dem Ergebnisse
der neuesten Brügger Forschungen, wirklich Buch=
drucker, selbstverständlich von dem Jahre 1446
an. Auf diese veränderte Stellung und auf den
neuen Wirkungskreis der écrivains deutet wohl
die Thatsache hin, daß im Jahre 1459/60 33 Lehr=
jungen und neue Mitglieder der Zunft beitraten.
Unter den 23 im Jahre 1467 aufgenommenen
Lehrlingen waren 6 junge Mädchen, denen im
Jahre 1468 4, im Jahre 1474/75 8 nachfolgten.
Wohin die Arbeiten dieser Zunftkräfte gerathen
sind, läßt sich leider aus den Zunftschriften nicht
entnehmen. Von den dem Brito zugeschriebenen
Drucken sind im Ganzen noch 110 Blätter oder
Blättchen erhalten, die, nach der jetzt nicht
mehr haltbaren Ansicht der Gelehrten erst um
1480 sollen bedruckt worden sein, aber offenbar
früher bedruckt waren. Wahrlich ein schweres
Geschick, das über die Werke eines Mannes herein=
gebrochen ist, der beinahe 40 Jahre lang ge=
druckt hat!

Betrachtet man die Zunfteinrichtungen in Brügge
näher, so begreift man, daß das im Jahre 1446
in Brügge gekaufte Buch nur in dieser Stadt
konnte gedruckt sein. An und für sich möchte das
schon daraus hervorgehen, daß vor 1446 die
Buchdruckerkunst noch nicht erfunden war und
deßhalb außerhalb Brügge nicht ausgeübt werden
konnte. Die strenge Einrichtung der Zünfte hätte

3*

überhaupt der Einführung eines gedruckten Buches nach Brügge entgegengestanden. Wohl vertrieben die Brügger die Erzeugnisse des Holzschnittes in andere Städte Burgunds und der ganzen gebildeten Welt, wohl rechneten Brito und Mansion auf einen gleichen Absatz für die Erzeugnisse ihrer Presse, wohl durfte man 1451 nach Arras Bücher bringen, die in Valencienne gekauft waren. Allein nach Brügge durfte kein anderwärts hergestelltes Buch kommen. Wer also in Brügge eine gedruckte Bibel haben wollte, mußte warten, bis die einheimischen Drucker zu einer solchen Leistung sich aufgeschwungen hatten.

Man hat wohl bisher ganz irrige Vorstellungen über die Strenge der Zunfteinrichtungen gehabt. Damit ist es in Brügge nicht gedient gewesen, daß etwa ein Schreiner keine Fenster machen durfte, weil dies Sache der Glaser war. Was der Schreiner und der Glaser nicht herstellen konnten, durfte, nach Brügger Recht, auch nicht von auswärts bezogen werden. An der Hand der Einrichtung der St. Johannisgilde insbesondere lernen wir, wie die Abschließung sich nach Innen und Außen richtete, und wie es demgemäß unmöglich war, zum Nachtheil der Mitglieder dieser Zunft anderwärts gedruckten Büchern Eingang in Brügge zu verschaffen. Es ist darum auch ein wahres Glück für die Menschheit gewesen, daß gerade ein Mitglied der Schreiberzunft die Buchdruckerkunſt erfunden hat. Wäre die Kunſt etwa dem Gehirn eines Schneiders entſprungen, ſo hätte dieſer ſie nie ausüben dürfen, zumal die in ihrem Verdienſte bedrohten écrivains ihn ſchwerlich in ihre Mitte aufgenommen hätten. Durch eine glückliche Fügung ward wieder einmal der richtige Mann an die richtige Stelle gebracht.

VI.

Sollte die Sache Britos keine Anhänger fin=
den, so hätte dennoch Brügge den Schaden
nicht zu leiden. In Brügge druckte, wie schon
erwähnt, genau in derselben Zeit, in welche man
bisher die angeblich von Brito herrührenden
Drucke verlegt hat, der allgemein als erster Drucker
Brügges aufgeführte Colard Manfion. Man=
fion und Brito waren Zeit= und Zunftgenoffen.
Auch Manfion druckte Werke Gerfons. Unter
den ihm zugeschriebenen Drucken befindet sich ein
Werkchen, das man in Befolgung der Anweisung
von Ghesquière und Genoffen ebenso gut in Ver=
bindung mit dem Einkaufe des Abtes von Cam=
brai bringen könnte, wie Britos angeblichen Druck.
Es ist dies Gerfons „Doctrine de bien vivre en ce
monde“, welcher der Name eines Doctrinale
eher zukommt als Britos f. g. Instruction et doctrine.
Alles was im allgemeinen und namentlich im
Hinblick auf die Zunfteinrichtungen zu Gunsten
Britos vorgebracht worden ist, paßt genau auch
auf Manfion.

Unter ſolchen Umſtänden braucht Brügge den
Anſpruch der Deutſchen auf die Erfindung der
Buchdruckerkunſt nicht ſonderlich zu fürchten.
Das entſpricht auch der dermalen in Belgien
herrſchenden Stimmung, die den Deutſchen im
Hinblick auf die drohende ſ. g. „invasion allemande"
im allgemeinen nicht ganz hold iſt. Um die
Deutſchen ganz aus dem Felde zu ſchlagen, möchte
es ſich bei einem erneuerten Begehren der Wieder=
aufnahme des Verfahrens für Brügge empfehlen,
einen Vertheidiger ins Treffen zu ſchicken, der
ſich Gutenbergs Drucke einmal beſſer angeſehen
hat und nicht zu dem verzweifelten Ausſpruche
ſeine Zuflucht nehmen muß: „La bible de Gutenberg (1457) n'est pas imprimée au moyen de
caractères en fonte."

Anmerkungen.

Zu S. 1.

Ueber die dem Brito zugeschriebenen Drucke s.
Campbell, Annales de la typographie néerlaindaise
au XV siècle, p. 153, 154, 285, 387. Insbesondere
über den in Paris verwahrten Druck s. Campbell,
p. 221 und die daselbst angeführten Schriftsteller.

Zu S. 3.

Die Brügger Schriften haben folgende Auf=
schriften: *L'oeuvre de Jean Brito,* Prototypographe
Brugeois par *M. Louis Gilliodts-van Severen,* conser-
vateur des archives de la ville de Bruges. Gand 1897.
Gleiche Aufschrift hat ein Auszug aus diesem
größeren Werke (das sich noch bezeichnet als:
Etude critique pour servir d'introduction à l'histoire
de l'ancienne corporation des libraires et des imprimeurs de Bruges). Diese kleinere Schrift nennt
sich: Etude analytique sur l'invention de l'imprimerie à Bruges, par *le chanoine H. Rommel,* Imprimerie de Desclée 1898.

Zu S. 3.

Ueber Hans Memling f. Quelle est la patrie du peintre Jean Memelinc (Hans Memling)? Notice historique par *Henri Dussart, S. J.*, Bruges, Imprimerie de Louis de Plancke 1894. Aus einem Tagebuche des Notars Romboudt de Doppere erhellt der Geburtsort Memlings, *„oriundus erat Magunciaco*, sepultus Brugis ad Aegidii."

Zu S. 8.

Pater Joseph Ghesquière zählte zu den hervorragendsten Gliedern der Gesellschaft der Bollandisten, die eine Zeit lang ihren Sitz in Brüssel in der ehemaligen Augustinerabtei am Kaltenberge (jetzt St. Jacques sur Caudenberg) hatte. Er starb 1802.

Zu S. 9.

Die Abhandlung von *des Roches* ist abgedruckt in: J. G. J. Breitkopf, Ueber die Geschichte der Erfindung der Buchdruckerkunst, Leipzig 1779. S. 13 ff.

Zu S. 15 und 25.

Außer Daunon f. J. Wetter, Kritische Geschichte der Erfindung der Buchdruckerkunst durch Joh. Gutenberg zu Mainz, Mainz 1836. S. 542 und 751, Schaab, Die Geschichte der Erfindung der Buchdruckerkunst durch Joh. Gensfleisch, genannt Gutenberg zu Mainz, Mainz 1831, III. Bd. S. 185 bis 190. Gegen die Neuauflage der Ansicht von Ghes=

quière haben sich neuerdings Dziaßto, Hase, Schwarz und Wyß (Gutenberg oder Coster, Centralblatt für Bibliothekwesen, V. Jahrg. 6. Heft S. 262, 263) ausgesprochen.

Zu S. 18.

Ueber das Doctrinale des Alexander de Villa Dei f. Dr. Reichling, Das Doctrinale des Alexander de Villa Dei, Kritisch=exegetische Ausgabe mit Einleitung, Verzeichniß der Handschriften und Drucke. Bd. XII. der Monumenta Germaniae Paedagogica.

Zu S. 21.

Die Schlußschrift der Instruction et doctrine lautet also:

Aspice praesentis *scripturae* gracia que sit,
Confer opus opere, spectetur codice codex,
Respice quam munde, quam terse quamque decore
Imprimit hec civis Brugensis Brito Johannes
Inveniens artem nullo monstrante mirandam
Instrumenta quoque non minus laude stupenda.

Zu S. 24.

Wegen des Druckers Veldenar f. Campbell p. 608 und Wetter S. 752.

Zu S. 31.

Ueber die Zunft der Ecrivains-Enlumineurs und über die verwandten Zünfte f. *Lacroix, Fournier* et *Sere*, Le livre d'or des métiers. Histoire de l'Imprimerie et des arts qui se rattachent à la typographie, Paris 1852, p. 1—63. Noch bis zur Zeit der französischen Revolution verlieh die Universität Paris die Berechtigung zur Führung der Bezeichnung als maître-écrivain.

Johann Brito

aus Brügge,

der angebliche Erfinder der Buchdruckerkunst.

Von

K. G. Bockenheimer.

Mainz,

Mainzer Verlagsanstalt und Druckerei A.-G.

1898.

In gleichem Verlage sind erschienen von.

K. G. Bockenheimer:

Wie Mainz
zum zweitenmal an Frankreich kam.
Zur Erinnerung an den 30. Dezember 1797.
8. geh. Mk. 2.—

Die Mainzer Clubisten
der Jahre 1792 und 1793.
8. geh. Mk. 2.—

Die Einnahme von Mainz durch die Franzosen
am 22. October 1792.
4. geh. Mk. 1.50.

Geschichte der Stadt Mainz
während der zweiten französischen Herrschaft 1798—1814.
8. geh. Mk. 6.50.

Die Restauration der Mainzer Hochschule
im Jahre 1784.
8. geh. Mk. 2.50.